EL ESTADO JARDÍN

por Eric Siegfried Holtz

Asesora curricular: Jean Craven,
Directora de Apoyo para la Enseñanza,
Albuquerque, NM, Escuelas Públicas

WORLD ALMANAC® LIBRARY

Please visit our web site at: www.worldalmanaclibrary.com
For a free color catalog describing World Almanac® Library's list of high-quality books and multimedia programs, call 1-800-848-2928 (USA) or 1-800-387-3178 (Canada).
World Almanac® Library's fax: (414) 332-3567.

Library of Congress Cataloging-in-Publication Data available upon request from publisher. Fax (414) 336-0157 for the attention of the Publishing Records Department.

ISBN 0-8368-5545-0 (lib. bdg.)
ISBN 0-8368-5552-3 (softcover)

First published in 2004 by
World Almanac® Library
330 West Olive Street, Suite 100
Milwaukee, WI 53212 USA

Design and Editorial: Bill SMITH STUDIO Inc.
Editor: Kristen Behrens
Assistant Editor: Megan Elias
Art Director: Olga Lamm
Photo Research: Sean Livingstone
World Almanac® Library Project Editor: Patricia Lantier
World Almanac® Library Editors: Monica Rausch, Mary Dykstra, Jacqueline Laks Gorman, Jim Mezzanotte
World Almanac® Library Production: Scott M. Krall, Tammy Gruenewald, Katherine A. Goedheer
Translation: Victory Productions, Inc.

Photo credits: pp. 4-5 © Eyewire; p. 6 (bottom) © Corel; (top right) © Corel; (bottom right) © PhotoDisc; p. 7 (top) © PhotoDisc; (bottom) Campbell's Soup Company; p. 9 © Corel; p. 10 © Dover; p. 11 © Library of Congress; p. 12 © Library of Congress; p. 13 © Library of Congress; p. 14 © CORBIS; p. 15 © PAINET INC.; p. 17 © Library of Congress; p. 18 © Adam Giuliano/NewarkNJ.info; p. 19 © Ray Stubblebine/Reuters/TimePix; p. 20 (left to right) Atlantic City CVB; © PAINET INC.; Atlantic City CVB; p. 21 (left to right) © PAINET INC.; © Corel; © Corel; p. 23 David Muench/CORBIS; p. 26 (top) © PhotoDisc; (bottom) © Library of Congress; p. 27 courtesy of Johnson & Johnson; p. 29 © Joseph Sohm/CORBIS; p. 31 (all) © Library of Congress; p. 32 © Library of Congress; p. 33 © Lee Snider; Lee Snider/CORBIS; p. 34 © Library of Congress; p. 35 (top) © Kevin Winter/DMI/TimePix; (bottom) © Dover; p. 36 © Ray Stubblebine/Reuters/TimePix; p. 37 © Gary Hershorn/TimePix; p. 38 © ArtToday; p. 39 © PhotoDisc; p. 40 © John Dominis/TimePix; p. 41 © PhotoDisc; pp. 42-43 © Library of Congress; p. 44 (top) © PhotoDisc; (bottom) © Corel; p. 45 (top) © PhotoDisc; (bottom) © Corel

Printed in the United States of America

1 2 3 4 5 6 7 8 9 07 06 05 04 03

Nueva Jersey

Nueva Jersey, toda una dínamo

Nueva Jersey es uno de los lugares más activos de Estados Unidos. Los holandeses, primeros europeos que colonizaron la zona, llegaron pensando en comerciar y hacer fortuna. Durante la guerra de la Revolución, Nueva Jersey fue escenario de muchas batallas, entre ellas la decisiva batalla de Trenton, que puso fin a la guerra e hizo de Estados Unidos una realidad.

Nueva Jersey creció y prosperó con la llegada de nuevos inmigrantes que se establecieron en diversos campos de trabajo. A comienzos del siglo XX, Thomas Alva Edison, llamado en la revista *Life* el «hombre más importante del milenio», puso su laboratorio en Menlo Park y se dedicó a crear inventos que forjaron el mundo moderno.

Hoy en día, las grandes empresas del estado tienen contratados a millones de empleados para producir bienes que se exportan a todo el mundo. El puerto de Nueva Jersey bulle, mientras las granjas del sur del estado producen flores magníficas que llegan a los hogares de toda la nación.

Se destacan en Nueva Jersey líderes políticos como Thomas Paine, que vivió en Bordentown, y quien con la fuerza de sus palabras propició el nacimiento de la nación. Siglos después, Bill Bradley alcanzó la fama en el básquetbol profesional, y luego intervino en la política nacional como senador de Estados Unidos por Nueva Jersey. Anne Morrow Lindbergh, también de Nueva Jersey, se hizo famosa tanto por sus hazañas en la aviación como por su estimulante prosa. Buzz Aldrin, de Montclair, llegó aún más lejos que otros héroes locales: en 1969 se convirtió en el segundo hombre que caminó sobre la Luna.

En un puente de Trenton, la capital, un eslogan dice *«Trenton Makes — The World Takes»* (Trenton produce, el mundo toma). Lo mismo podría decirse del estado en su conjunto, ya que Nueva Jersey no ha cesado de producir líderes, artistas, soñadores y triunfadores que el mundo ha acogido con brazos abiertos.

▶ Mapa de Nueva Jersey que muestra el sistema interestatal de carreteras, así como las ciudades y las vías de navegación más importantes.

▼ Camino de arena entre las dunas que conduce a una de las playas de Nueva Jersey en el Atlántico.

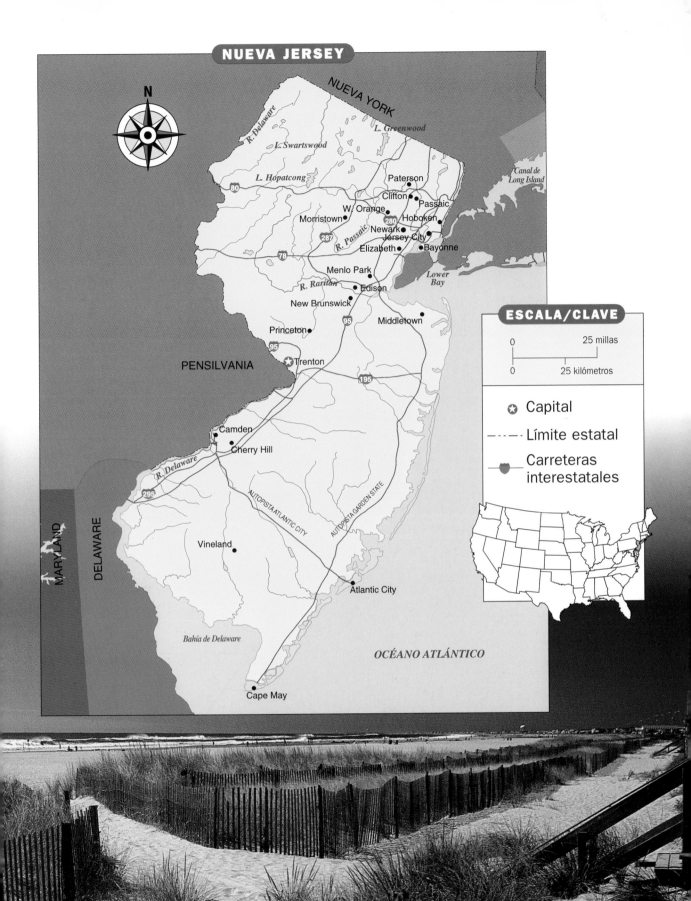

NUEVA JERSEY

NUEVA YORK

R. Delaware

L. Swartswood

L. Greenwood

N

Canal de
Long Island

L. Hopatcong

80

Paterson

Clifton

Passaic

W. Orange

Hoboken

Morristown

280

287

Newark

Jersey City

R. Passaic

78

Elizabeth

Bayonne

Menlo Park

*Lower
Bay*

R. Raritan

Edison

New Brunswick

95

Middletown

PENSILVANIA

Princeton

95

Trenton

195

Camden

Cherry Hill

R. Delaware

295

MARYLAND

DELAWARE

AUTOPISTA ATLANTIC CITY

AUTOPISTA GARDEN STATE

Vineland

Atlantic City

Bahía de Delaware

OCÉANO ATLÁNTICO

Cape May

ESCALA/CLAVE

0   25 millas

0   25 kilómetros

⭐ Capital

----- Límite estatal

🛡 Carreteras
interestatales

Datos breves

NUEVA JERSEY (NJ), El Estado Jardín

Se incorporó a la Unión
18 de diciembre de 1787 (3.° estado)

Capital	Población
Trenton	85,403

Población Total (2000)
8,414,350 (9.° estado más populoso)
Entre 1990 y 2000 la población de Nueva Jersey aumentó 8.9 %.

Ciudades más grandes	Población
Newark	273,546
Jersey City	240,055
Paterson	149,222
Elizabeth	120,568

Superficie
7,417 millas cuadradas (19,210 km²)
(46 estado más grande)

Lema del estado
«Libertad y prosperidad»

Canción del estado (no oficial)
I'm from New Jersey, *de Red Mascara, adoptada en 1935*

Ave del estado
Jilguero canario

Animal del estado
Caballo. *El Equipo Hípico (de equitación) de Estados Unidos tiene su sede en Gladstone.*

Insecto del Estado
Abeja común

Pez del estado
Trucha de fontana

Flor del estado
Violeta común. *Las violetas no sólo son lindas, sino que también tienen un sabor delicioso.* En Nueva Jersey hay dulces, chocolate y hasta helado con sabor a violeta.

Concha marina del estado
Buccino nudoso. *Comúnmente conocido como caracola, este molusco se encuentra a lo largo de la costa atlántica de Nueva Jersey. Algunas veces se recolecta como alimento.*

Dinosaurio del estado
Hadrosaurio foulkii.
En 1858 se encontró en Haddonfield un esqueleto fósil casi completo de esta criatura. El descubrimiento alteró las ciencias al demostrar que los dinosaurios sí existieron.

Árbol del estado
Roble americano. *Las bellotas de este árbol fueron una importante fuente de alimento para los indígenas que habitaban la zona.*

Danza del estado
Contradanza

LUGARES PARA VISITAR

Historic Speedwell, *Morristown*
Alfred Vail y Samuel Morse inventaron aquí el telégrafo. Su invento inició la revolución de las comunicaciones que continúa hasta nuestros días con el correo electrónico e Internet.

Zoológico y Museo Space Farms, *Beemerville*
Esta institución comenzó en 1927 como refugio para animales. Ahora abarca 100 acres (40 hectáreas) y alberga la mayor colección de animales exóticos de Estados Unidos.

Museo del Vidrio Estadounidense Wheaton Village, *Millville*
Se exhiben más de 6,500 objetos de vidrio de Estados Unidos. También se hacen demostraciones de soplado y fabricación de vidrio.

Véanse otros lugares y sucesos en la página 44.

MÁS GRANDE, MEJOR, SUPERIOR

- En Nueva Jersey vivió Goliath, el oso de mayor tamaño jamás visto. Medía 12 pies (4 m) de alto y pesaba cerca de 2,000 libras (908 kg).

- Northlandz, ubicado en Flemington, se precia de tener el ferrocarril en miniatura más largo del mundo. Tiene 8 millas (13 km) de vías.

- Las granjas de Nueva Jersey producen dos tercios de las berenjenas de todo el mundo.

- El Cinema IMAX en el Liberty Science Center de Jersey City es el más grande de Estados Unidos.

PRIMICIAS DEL ESTADO

- **1811** Entra en servicio el primer trasbordador de Estados Unidos, entre Hoboken y Manhattan (Nueva York).

- **1878** John Holland, del condado de Passiac, construyó el primer submarino práctico. Actualmente se exhibe en el Museo de Paterson.

- **1933** Se construyó el primer autocine, en el condado de Camden.

El diablo de Jersey

La leyenda del diablo de Jersey es uno de los mitos más perdurables de la nación. Se originó en el siglo XVIII, cuando Daniel y Jane Leeds supieron que esperaban su decimotercer hijo. La idea de tener otro hijo fue tan desalentadora que, según cuentan, Jane Leeds afirmó, «Desearía que me naciera un diablo». Tal parece que se cumplió su deseo. Desde entonces corren rumores de una extraña criatura que ronda por Pine Barrens (Nueva Jersey). Muchas veces es un enorme lagarto volador con cabeza de caballo. Otras veces es un hombre peludo con ojos rojos y cuernos. El equipo de hockey profesional de Nueva Jersey, los New Jersey Devils, lleva su nombre por esta leyenda.

Mmm, mmm, ¡mmm!

La Compañía Campbell Soup fue fundada en Camden en 1869. Joseph Campbell, un comerciante de frutas, se asoció con el fabricante de frigoríficos Abraham Anderson para vender verduras enlatadas. El paso decisivo de la empresa se dio en 1897, cuando el Dr. John T. Dorrance inventó la sopa condensada (sin agua), mucho más barata de empaquetar, almacenar y transportar. Desde entonces las sopas Campbell han sido una de las comidas de preparación rápida más conocidas de la nación. Ahora se venden en todo el mundo, incluso en variedades que no existen en Estados Unidos, como la de berro y molleja de pato que se consume en la China.

El estado sendero

> *Ésta es una buena tierra donde arraigarse y una tierra agradable para ver.*
> —*Robert Juet, diario de la* Half Moon, *1609*

Los primeros pobladores de lo que hoy es Nueva Jersey llegaron hace unos diez mil años. Poco a poco, grupos nómadas de cazadores y recolectores crearon asentamientos semipermanentes y desarrollaron métodos de cultivo. Durante el período Woodland tardío (del 500 d.C. a 1638 d.C.), en Nueva Jersey predominó un grupo llamado lenni-lenape. En su idioma algonquino *lenni-lenape* significa «pueblos originarios». Los europeos los llamaron delaware.

Los colonos europeos sostuvieron con los pueblos nativos de Nueva Jersey relaciones relativamente pacíficas, comparadas con las de las demás colonias europeas. Sin embargo, trajeron consigo enfermedades que cobraron numerosas víctimas entre los indígenas. A principios del siglo XIX, los asentamientos blancos siguieron creciendo y los lenni-lenape fueron expulsados de Nueva Jersey. Sus descendientes actuales viven principalmente en Canadá y en Oklahoma.

La exploración y colonización europea

Quizás el primer europeo que avistó la costa de Nueva Jersey fue el italiano Giovanni Caboto, más conocido como John Cabot, cuando exploraba en 1497 la costa de Norteamérica para el rey Enrique VII de Inglaterra. Cabot, igual que Cristóbal Colón antes que él, buscaba una ruta directa a Asia por el oeste. Giovanni da Verrazano, otro italiano que exploraba Norteamérica para los franceses, recorrió más detenidamente las mismas costas en 1524. Sin embargo, es sabido que no fue sino hasta 1609 que un europeo pisó Nueva Jersey.

El inglés Henry Hudson, comandante del barco holandés *Half Moon*, navegó por la bahía de Nueva York y remontó el que luego se llamaría río Hudson. Hudson exploró los alrededores de Nueva York y Nueva Jersey y llegó hasta lo que hoy es Albany (Nueva York). Poco después, la Compañía Holandesa de las Indias Occidentales estableció asentamientos en la región, que recibieron el nombre de Nueva

---

Indígenas de Nueva Jersey

Subgrupos de los lenni-lenape:

Monsee (norte de Nueva Jersey)

Unami (sur de Nueva Jersey)

Unilachtigo (sur de Nueva Jersey)

¿LO SABÍAS?

Nueva Jersey lleva su nombre por Jersey, una de las islas del canal que separa Inglaterra de Francia. Sir George Carteret, uno de los primeros propietarios de Nueva Jersey, nació allí.

Holanda. En 1660 los holandeses fundaron en Bergen, ahora Jersey City, la primera colonia permanente de lo que hoy es Nueva Jersey. En ese entonces, la colonia holandesa reclamó todas las tierras comprendidas entre la desembocadura del río Connecticut y la isla Burlington, en el río Delaware, incluida la isla de Manhattan.

A diferencia de los colonos de otros lugares, como los de la Bahía de Massachusetts, los holandeses no llegaron escapando persecuciones religiosas o políticas. Buscaban hacer fortuna, especialmente con el comercio de pieles. También llegaron suecos hasta lo que hoy es el sur de Nueva Jersey y fundaron una colonia llamada Nueva Suecia. Ésta duró de 1638 a 1655, cuando los holandeses se apoderaron de ella. Los ingleses fueron aún más agresivos. En 1664 los holandeses tuvieron que entregar toda Nueva Holanda a los ingleses.

La colonia de Nueva Jersey

Luego de reclamar Nueva Holanda para Inglaterra, el rey Carlos II de Inglaterra le concedió el territorio a Jacobo, su hermano. Jacobo se lo cedió a lord John Berkeley y a sir George Carteret, dos propietarios que le pusieron el nombre de Nueva Jersey. Berkeley y Carteret vendían parcelas a precios muy razonables y permitían que se asentaran colonos de todas las creencias políticas y religiosas en el territorio. Esto convirtió a Nueva Jersey en un lugar muy atractivo para quienes querían escapar de las restricciones sociales y religiosas de Europa.

¿LO SABÍAS?

En 1638 llegó a Nueva Jersey un grupo de suecos y finlandeses. Llegaron en dos embarcaciones llamadas *Kalmyr Nyckel y Fogel Grip*, y fundaron el fuerte St. Elfsborg cerca de lo que hoy es Salem.

▼ Durante la época colonial, los colonos crearon pequeñas granjas como la que representó el pintor Jasper Cropsey, de Nueva Jersey, en su cuadro *Jersey Meadowlands*.

En 1673, Berkeley vendió su parte de Nueva Jersey a un grupo de cuáqueros ingleses, disidentes religiosos que eran rechazados en las demás colonias. En 1676 Nueva Jersey se dividió en dos colonias, Jersey oriental y Jersey occidental; ésta última era cuáquera. Cuando Carteret murió, otro grupo de cuáqueros compró Jersey oriental para establecerse allí.

Los colonos de Jersey oriental y Jersey occidental se indignaron porque debían pagar arrendamiento a los dueños de la colonia en lugar de poder comprar tierras. Su disgusto desató la rebelión, y en 1702 toda Nueva Jersey pasó a ser una colonia de la corona británica administrada por el gobernador de Nueva York. La colonia de Nueva Jersey se reunificó, pero mantuvo dos capitales: la del este era Perth Amboy, y la del oeste, Burlington.

Nueva Jersey estuvo más de treinta años bajo las órdenes del gobernador de Nueva York. Inconformes con la situación, los habitantes de Nueva Jersey finalmente lograron que se les designara su propio gobernador en 1738. Lewis Morris fue gobernador de la provincia de Nueva Jersey de 1738 a 1746.

La revolución

La resistencia contra el gobierno colonial se recrudeció tras la guerra contra la Alianza Franco-Indígena (1754–1763). Los británicos habían gastado mucho dinero en esa guerra y querían que las colonias norteamericanas pagaran más impuestos para reponerlo. Muchos colonos se opusieron a los «impuestos sin representación». En 1774, un grupo de colonos de Nueva Jersey, inspirados por el famoso Motín del Té de Boston, quemaron un cargamento de té en Greenwich. Dos años después, el 2 de julio de 1776, en el Congreso Continental de Filadelfia (Pensilvania), Nueva Jersey se declaró independiente del gobierno británico. Poco después, sus delegados también firmaron la Declaración de Independencia.

Los colonos de Nueva Jersey que pelearon contra los británicos también pelearon entre sí. Hubo partidarios de los británicos llamados tories, y colonos rebeldes que se decían patriotas. En Nueva Jersey se libraron algunas de las

▼ Este cuadro del general George Washington y sus tropas cruzando el río Delaware, pintado por Emanuel Leutze en 1851, no es fiel a la historia: el tipo de bote no es apropiado y la bandera se hizo seis meses después. Aun así, se ha convertido en una de las estampas más conocidas de la guerra de la Revolución.

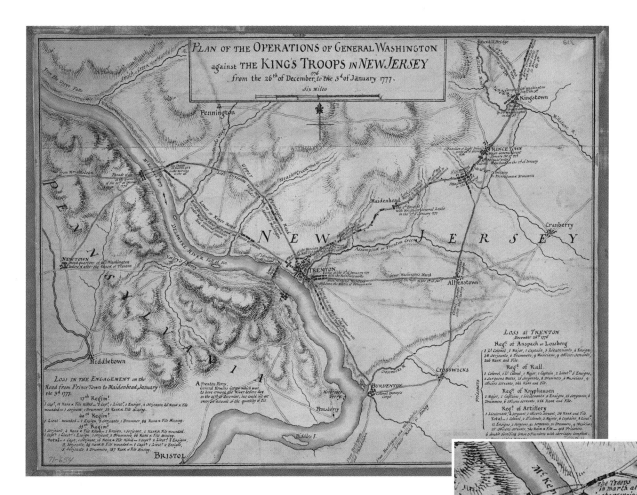

PLAN OF THE OPERATIONS OF GENERAL WASHINGTON against THE KING'S TROOPS IN NEW JERSEY from the 26th of December, 1776 to the 3d of January 1777.

▲ Este mapa de 1777 muestra la versión del ejército inglés de las batallas libradas contra las tropas de George Washington entre el 26 de diciembre de 1776 y el 3 de enero de 1777.

batallas más importantes de la guerra de la Revolución. Entre ellas, la batalla de Trenton, donde el ejército de George Washington cruzó secretamente el río Delaware y el 26 de diciembre de 1776 derrotó a los británicos. Poco después, hubo otra victoria norteamericana en la batalla de Princeton. Luego, el ejército de Washington pasó el invierno en Morristown. En junio de 1778 la batalla de Monmouth terminó sin vencedores. En esta batalla, Mary Hays, esposa de un soldado norteamericano, llevaba jarros (en inglés *pitchers*) de agua fresca a los soldados sedientos, por lo que se ganó el apodo de Molly Pitcher. El último gran enfrentamiento que hubo en Nueva Jersey fue la batalla de Springfield, que terminó con la derrota de los británicos en junio de 1780.

Princeton fue la capital provisional de la nación de junio a noviembre de 1783. Luego, Trenton pasó a ser la capital en diciembre de 1784, y por poco se hace capital permanente de Estados Unidos, pero perdió frente a Washington, D.C. Nueva Jersey también fue decisiva para la creación de la nueva Constitución de Estados Unidos. Los delegados de Nueva Jersey propusieron un senado con igual representación de todos los estados, para garantizar a estados pequeños como

Nueva Jersey su voz en el gobierno. Conforme con esta garantía, el 18 de diciembre de 1787 Nueva Jersey fue el tercer estado en ratificar la Constitución.

Primeros días del estado

La primera constitución estatal de Nueva Jersey de 1776 permitía el voto a más personas para limitar el poder del gobernador. Cualquiera que tuviera cierta cantidad de bienes y que llevara determinada cantidad de tiempo viviendo en el estado podía votar. Los términos de la constitución no especificaban que los propietarios debían ser hombres y además blancos, aunque sin duda eso quisieron decir los autores. Las mujeres dueñas de propiedades y los hombres afroamericanos libres aprovecharon esta omisión y votaron en las elecciones hasta 1807, año en que la constitución fue redactada de nuevo para excluirlos.

En 1790 Nueva Jersey unificó su capital estatal en Trenton. Durante el siglo XIX la población y la economía del estado crecieron con rapidez, especialmente en el noroeste. Nueva Jersey se convirtió en uno de los grandes centros de la Revolución Industrial que empezaba a transformar el mundo. Aun más, se puso a la vanguardia en la construcción de caminos, ferrocarriles y canales entre Nueva York y Pensilvania. La industrialización trajo gran riqueza, pero también tuvo efectos negativos, entre ellos una brecha cada vez mayor entre ricos y pobres.

La Guerra Civil

La esclavitud se abolió entre 1804 y 1846 y hubo quienes pusieron «estaciones» del Ferrocarril Subterráneo, pero Nueva Jersey no fue del todo antiesclavista. Tanto en 1860 como en 1864 fue uno de los pocos estados libres que no apoyó a Abraham Lincoln, el candidato presidencial republicano que se oponía a la esclavitud. Nueva Jersey rechazó con violencia el reclutamiento militar obligatorio. En 1863, los disturbios que hubo en la ciudad de Nueva York contra este mandato llegaron hasta Newark y varios afroamericanos murieron. Sin embargo, el estado hizo grandes sacrificios que favorecieron la victoria del Norte en la Guerra Civil. Cerca de 88,000 combatientes de Nueva Jersey lucharon y unos 6,300 murieron. A diferencia de la guerra de la Revolución, en que se libraron unas cien batallas en el estado, en la Guerra Civil no hubo ninguna.

▼ Este cartel en que se piden reclutas para la Guerra Civil se publicó en febrero de 1865.

La industrialización

La Guerra Civil aceleró la industrialización de Nueva Jersey. Grandes masas de población se trasladaron del campo a las ciudades en un fenómeno conocido como urbanización. A fines del siglo XIX Nueva Jersey estaba en vías de ser uno de los estados más urbanizados de la nación. Llegaron masas de inmigrantes de otros países, especialmente de Alemania, Italia, Irlanda y Europa oriental. Para 1910 la mitad de la población del estado se componía de inmigrantes o de hijos de inmigrantes. Muchos entraron al país por la isla Ellis de Nueva York.

Nueva Jersey tenía una enorme oferta de trabajo. Poseía los servicios de transporte más avanzados del mundo y quedaba justo en medio de los pujantes mercados del nordeste. Además, las regulaciones para las empresas no eran estrictas. Todo esto atrajo a algunas de las más grandes compañías del país y convirtió a Nueva Jersey en un motor industrial. Entre tanto, el gobierno de Nueva Jersey sacaba cuantiosas ganancias de las tarifas cobradas a estas compañías por constituirse en el estado.

Sin embargo, el éxito del estado también llegó con la mala fama de ser la «madre de los consorcios». Los consorcios, o monopolios, eran enormes compañías que a menudo controlaban toda una industria. En Nueva Jersey había más monopolios que en cualquier otro estado. Mucha gente los consideraba injustos con los competidores, los clientes y los empleados y creía que traían corrupción al gobierno y a la sociedad. Cuando la opinión pública se volcó contra los consorcios, Nueva Jersey se sintió presionada a controlarlos.

El gobernador de Nueva Jersey Woodrow Wilson (más tarde presidente de Estados Unidos) fue quien sometió los monopolios. Él propuso una serie de leyes, llamadas leyes de las Siete Hermanas, que la Legislatura del estado aprobó en 1913.

Thomas Alva Edison

Thomas Edison (1847-1931) fue uno de los inventores más grandes del mundo. Ideó toda clase de inventos y recibió más de mil patentes. Muchos adelantos nacieron en los laboratorios de Edison en Menlo Park y West Orange. Su primera patente fue la de un contador de votos eléctrico que se ingenió para acelerar los conteos de votos. Cuando la Legislatura de Massachussetts se negó a comprarlo porque no le interesaba agilizar el proceso electoral, Edison juró que nunca más inventaría algo que la gente no quisiera. Entre sus inventos más conocidos están la bombilla, el fonógrafo y la cámara de cine. También perfeccionó enormemente tecnologías que ya existían, como la pila eléctrica, el telégrafo y el teléfono. Edison se destacó por su manera metódica de inventar.

Las «Hermanas» eran siete grandes corporaciones, incluida la gigante Standard Oil, que controlaban el carbón, el petróleo, el acero, los ferrocarriles y otras industrias.

La finalidad de estas leyes era fijar límites al tamaño de las corporaciones y eso se logró; sin embargo, fueron revocadas en menos de un año. A pesar de su corta vida, marcaron un hito en la Era Progresista, época de la historia de Estados Unidos que generó grandes reformas sociales y políticas. Las reformas de Nueva Jersey incluyeron fijar indemnizaciones para los trabajadores, poner servicios municipales y reemplazar los alcaldes por comisiones en algunos gobiernos municipales.

Principios del siglo xx

Dada su enorme capacidad industrial, Nueva Jersey pasó a ser un importante productor de armas y provisiones durante las dos guerras mundiales. Entre una y otra guerra el mercado de armas decayó, y con la Gran Depresión de la década de 1930 decayó también la demanda mundial de otros productos. En el peor momento de la depresión, gran cantidad de gente quedó desempleada en Nueva Jersey. Nuevos programas gubernamentales, conocidos como el Nuevo Trato, generaron algunos empleos. Muchos fueron a trabajar con el gobierno en la construcción de obras públicas, como carreteras. Sin embargo, la depresión terminó sólo cuando Estados Unidos empezó

▲ En esta caricatura política de 1889, Joseph Keppler ilustra el poder de los monopolios. Los corpulentos hombres de la última fila vigilan que los senadores (sentados en las bancas) sancionen leyes que garantizan la expansión de los monopolios. Figuran ahí los monopolios del acero, del carbón y de la Standard Oil.

¿LO SABÍAS?

En el juego de mesa Monopolio, los nombres de todas las calles son de calles de Atlantic City, excepto Marvin Gardens, una calle de la cercana ciudad de Margate City. Se escribió mal por error.

a preparse para la Segunda Guerra Mundial y la demanda de productos manufacturados aumentó.

En 1937 ocurrió en Nueva Jersey un famoso desastre. El dirigible (zeppelín) Hindenburg, el más grande y veloz construido hasta el momento, cruzó el Atlántico y chocó al aterrizar en Lakehurst. La muerte de treinta y cinco personas puso fin a los viajes de pasajeros en dirigible.

Fines del siglo XX y nuestros días

Los primeros años de la posguerra fueron prósperos, pero surgieron tendencias preocupantes. Muchas industrias se mudaron de las ciudades a los suburbios, junto con gran parte de la clase media. Las grandes ciudades, ahora con menos empleos y menores ingresos tributarios para pagar los servicios gubernamentales, fueron quedando en manos de los más pobres. En los años sesenta, las condiciones urbanas se deterioraron a tal punto que generaron disturbios en Newark en 1967 y en Trenton en1968. Desde entonces se han hecho esfuerzos por llevar más servicios a las zonas urbanas deprimidas, pero los logros han sido desiguales.

La industrialización llevó beneficios económicos a Nueva Jersey, pero también causó graves daños ambientales. Tras muchos años de regulaciones mínimas, fue necesario implantar leyes y regulaciones estrictas para reducir la contaminación y reparar el daño causado. La Nueva Jersey moderna está empeñada en mantener la base industrial y en proteger a la vez el medio ambiente.

Nueva Jersey ha estado por mucho tiempo entre los estados más ricos de la nación, a la vanguardia de las tendencias modernas. El estado sigue prosperando y hoy en día, igual que hace más de doscientos años, atrae a cantidades de inmigrantes de todo el mundo. Las dificultades que ha enfrentado lo han robustecido y lo han preparado para hacer frente a nuevos retos.

Un estado concentrado

Ninguna persona facultada según lo antedicho de la citada provincia será molestada castigada importunada ni interrogada en ningún momento ni de ninguna manera por diferencia alguna de opinión o de práctica en asuntos de índole religiosa.

—*Concesiones y Acuerdos de los Propietarios del Territorio, 1665*

Nueva Jersey es el quinto estado más pequeño de la nación, pero es el noveno más poblado. Tiene la mayor densidad de población: 1,134.5 habitantes por milla cuadrada (438 habitantes por km²). También es un estado mayormente urbano, el segundo después de California, con el 89 % de la población concentrada en pueblos y ciudades; el 75 % vive a menos de 30 millas (48 km) de la ciudad de Nueva York.

Como tanta gente vive tan cerca de Nueva York, la región entera a veces se considera una gran ciudad, una megalópolis con más de veintiún millones de habitantes. Vista por aparte, la ciudad más grande del estado es Newark, seguida de Jersey City, Paterson y Elizabeth. Todas ellas están en el nordeste del estado. Otro 15 % de la población del estado vive en el centro de Nueva Jersey, alrededor de Trenton, la capital, y Camden.

Distribución por edades en Nueva Jersey
(Censo 2000)

0–4	563,785
5–19	1,720,322
20–24	480,079
25–44	2,624,146
45–64	1,912,882
más de 65	1,113,136

A lo largo de cien años

Los tres mayores grupos extranjeros de Nueva Jersey en 1890 y 1990

Alemania 106,181	Irlanda 101,059	Inglaterra 43,778	Italia 70,451	Cuba 62,867	India 52,347

Población total del estado: 1,444,933
Total de extranjeros: 328,975 (23 %)

Población total del estado: 7,730,188
Total de extranjeros: 966,610 (13 %)

Patrones de inmigración

En 1998 llegaron en total 35,091 inmigrantes a Nueva Jersey. Los grupos inmigrantes más numerosos vinieron de la India (12.2 %), la República Dominicana (7.1 %) y el Perú (5.8 %).

Durante los meses de verano crece la población de los pueblos costeros y del campo con la multitud de gente de las ciudades que llega escapando del calor.

La inmigración

En la era moderna la población de Nueva Jersey ha crecido rápidamente. La tendencia continúa con un crecimiento de población del 8.9 % entre 1990 y 2000. Esto se debe en gran parte a las olas de inmigración. En el siglo XVII, los primeros europeos en asentarse en la zona fueron holandeses y suecos, seguidos por ingleses, irlandeses, escoceses, galeses, franceses y belgas a comienzos del siglo XVIII. Luego llegaron cantidades de alemanes, italianos y húngaros.

Nueva Jersey ha tenido afroamericanos desde comienzos

▲ **Los habitantes de Nueva Jersey siempre han tenido lo mejor de la vida urbana combinado con el esparcimiento que ofrecen las zonas costeras o rurales del estado. En esta fotografía de 1902 figuran residentes y visitantes del Bradley Bathing Pavilion de Asbury Park.**

Herencia y orígenes, Nueva Jersey — Año 2000

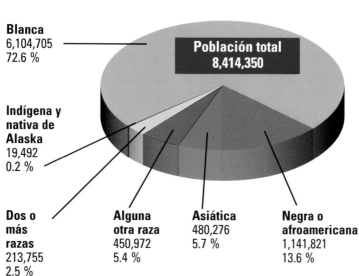

▶ **Aquí tienes los orígenes raciales de la población actual de Nueva Jersey. Ocupa el decimosexto lugar entre los estados de EE.UU. en cuanto a porcentaje de población afroamericana.**

Blanca
6,104,705
72.6 %

Población total
8,414,350

Indígena y nativa de Alaska
19,492
0.2 %

Hawaiana nativa y otros isleños del Pacífico
3,329
0.04 %

Dos o más razas
213,755
2.5 %

Alguna otra raza
450,972
5.4 %

Asiática
480,276
5.7 %

Negra o afroamericana
1,141,821
13.6 %

Nota: el 13.3 % (1,117,191) de la población se identifica como **hispana** o **latina**, una designación cultural que engloba varias razas. Los hispanos y los latinos están incluidos en esta categoría y en la categoría racial que elijan.

de la colonización europea. Después de la Guerra Civil, su población creció considerablemente con los muchos afroamericanos que llegaron del Sur en busca de nuevas oportunidades. En la segunda mitad del siglo XX llegaron grandes cantidades de hispanos, sobre todo puertorriqueños, mexicanos y cubanos, que hoy siguen creciendo rápidamente. Otra minoría étnica que crece con rapidez es la de los asiáticos, en especial hindúes, chinos, filipinos y coreanos. Con todo esto, la fisonomía de Nueva Jersey está en constante cambio. La edad media del estado, 36.7 años, es similar a la media nacional de 35.3 años.

Religión

La mayoría de los habitantes de Nueva Jersey (el 85 %) son cristianos. El 42 % son católicos romanos, el grupo cristiano más grande del estado. Otras tres grandes comunidades cristianas son la bautista (10 %), la metodista (7 %) y la

Niveles de educación de los trabajadores de Nueva Jersey (de 25 años o más)	
Menos de 9° grado	486,210
De 9° a 12° grado, sin diploma	718,996
Escuela secundaria completa o equivalente	1,606,555
Colegio universitorio incompleto, sin título o título asociado	1,070,455
Licenciatura	826,887
Título profesional o de posgrado	457,130

▼ Los edificios de Newark, la ciudad más populosa de Nueva Jersey, recortados en el horizonte.

luterana (3 %). Desde 1698, año en que el judío sefardí Aaron Louzada se estableció con su familia en Bound Brook, el estado ha tenido población judía. Hoy en día los judíos conforman el 6 % de la población del estado, un porcentaje mayor que el promedio nacional de 2.7 %. Aproximadamente el 0.6 % de la población es musulmana, el 0.3 % es hinduista y el 0.6 % es agnóstica (que no cree en Dios pero tampoco lo niega).

Educación

Hasta el siglo XIX la educación pública no era la norma en ninguna parte del mundo. En Nueva Jersey era necesario pagar para asistir a las escuelas públicas, hasta que en 1871 se aprobó la ley de Educación Gratuita. En 1836 se fundó en Newark la primera escuela secundaria pública del estado, pero era sólo para varones. Hace poco Nueva Jersey invirtió una cuantiosa suma en educación. El estado gasta por alumno mucho más que el promedio nacional.

Nueva Jersey tiene algunas de las universidades más antiguas y prestigiosas del país. Hay más de treinta instituciones públicas. La más distinguida es Rutgers, la Universidad Estatal de Nueva Jersey en New Brunswick, fundada en 1766 como Queen's College. La Estación Experimental de Agricultura de Nueva Jersey pertenece a Rutgers, que también tiene otras facultades en Camden y en Newark.

El estado tiene veinticinco universidades privadas con programas de cuatro años. De ellas, la más antigua y conocida es la Universidad de Princeton, fundada en 1746 como Colegio Superior de Nueva Jersey. Una de las facultades más distinguidas de Princeton es la Escuela Woodrow Wilson de Asuntos Públicos e Internacionales. También están el Instituto de Estudios Avanzados y el Seminario Teológico de Princeton.

▲ El 16 de septiembre de 2001 el estacionamiento del Giants Stadium de Meadowlands no se colmó de hinchas de fútbol, sino de voluntarios que organizaban las donaciones de la Autoridad de Deportes y Exhibiciones de Nueva Jersey. Las provisiones donadas se transportaron en camión hasta la ciudad de Nueva York y se distribuyeron entre los los equipos de rescate y demás voluntarios que trabajaban en los escombros de «Ground Zero» (Zona Cero), el sitio del World Trade Center que cinco días antes había sido destruido por un ataque terrorista.

Del mar a las montañas

> [...] que esta extensión de tierra de ahora en adelante recibirá el nombre o nombres de Nueva Caeserea o Nueva Jersey.
>
> —*Cesión de tierras a lord John Berkeley y sir George Carteret, 1664*

En Nueva Jersey hay zonas altamente industrializadas y densamente pobladas, y a la vez hay otras de escasa población que conservan intacta su belleza natural. En el sureste, la reserva nacional de Pinelands de Nueva Jersey ocupa más de 1.1 millones de acres (445,170 hectáreas), cerca del 23 % del estado. Debido al daño ambiental que Nueva Jersey ha sufrido, ahora sus leyes ambientales son de las más estrictas de la nación.

Llanuras

Unas tres quintas partes de Nueva Jersey, en el sur, forman parte de la Llanura Costera del Atlántico, con elevaciones de menos de 100 pies (30 m) de altura. Gran parte de la zona tiene suelos fértiles y arcillosos. Está llena de pueblos turísticos, como Atlantic City, el más famoso. Tierra adentro hay una zona exuberante llamada franja de arenisca verde, que le dio a Nueva Jersey el apelativo de "Estado Jardín". Es la zona agrícola más rica del estado.

Punto más alto
High Point
1,803 pies (550 m) sobre el nivel del mar

▼ *De izquierda a derecha:* gansos silvestres que nadan en las marismas de Nueva Jersey; rosa de los pantanos que crece en el refugio nacional de Vida Silvestre de Brigatine; puerto deportivo en las afueras de Atlantic City; playas de Cape May que dan al océano Atlántico y son un lugar de veraneo muy frecuentado; granja de Nueva Jersey; río Delaware en otoño.

Montañas y valles

Las montañas más altas de Nueva Jersey están en la cordillera y valle de los Apalaches, al noroeste del estado. El punto más elevado, situado en los montes Kittatinny a 1,803 pies (550 m) sobre el nivel del mar, es un lugar llamado acertadamente *High Point* (Punto Alto). Más al este de los montes Kittatinny corre el valle de los Apalaches, el centro de la industria láctea del estado. Al sureste de esta zona está la meseta de Piedmont.

Ríos y lagos

Nueva Jersey está mayormente bordeada de agua. Casi todo el este del estado está en el litoral Atlántico; el resto da contra el río Hudson, que forma la frontera nordeste con Nueva York. El río Delaware separa Nueva Jersey de Pensilvania en el oeste, y de Delaware en el sur. Ambos ríos son muy importantes para la economía del estado y de la región, ya que el comercio y la industria siguen mayormente la ruta de los ríos hasta el mar. En el norte del estado está el río Raritan, de 75 millas (121 km) de longitud. Es el más largo de los que pasan sólo por Nueva Jersey. En el norte del estado se concentran casi ochocientos lagos y lagunas. El más grande es el lago Hopatcong.

Clima

Nueva Jersey es famoso por el clima de sus estaciones. Los veranos son calurosos y húmedos, mientras que los inviernos son fríos y de abundantes nevadas. El cambio de estaciones es inconfundible. El colorido del follaje otoñal es espectacular. El estado del tiempo es más moderado en la costa, donde las brisas del mar mitigan tanto el verano como el invierno, aunque también se desatan ventiscas y huracanes.

Temperatura media en enero
Newark: 31 °F (-0.6 °C)
Atlantic City: 31 °F (-0.6 °C)

Temperatura media en julio
Newark: 77 °F (25 °C)
Atlantic City: 75 °F (24 °C)

Promedio anual de lluvia
Newark: 43 pulgadas (109 cm)
Atlantic City: 41 pulgadas (104 cm)

Promedio anual de nieve
Newark: 28 pulgadas (71 cm)
Atlantic City: 16 pulgadas (41 cm)

Ríos importantes

Río Delaware
390 millas (628 km)

Río Hudson
306 millas (492 km)

Río Passaic
80 millas (129 km)

Río Raritan
75 millas (121 km)

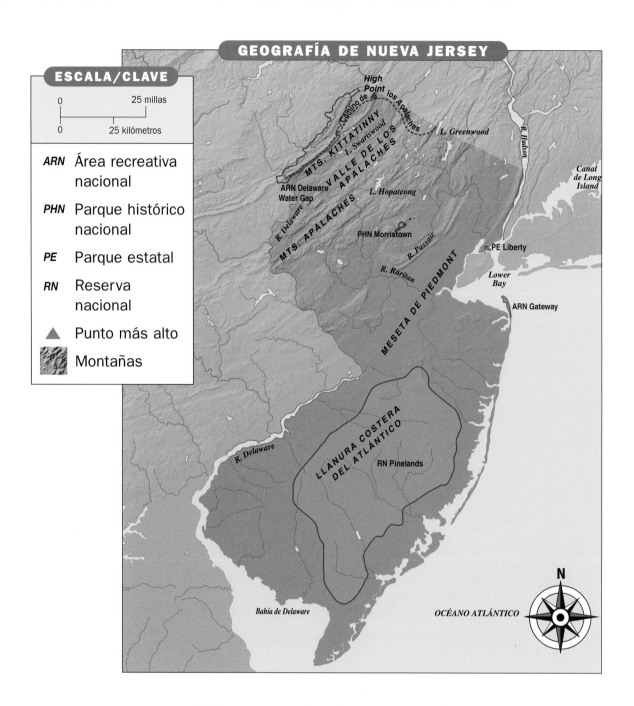

ESCALA/CLAVE

0	25 millas
0	25 kilómetros

ARN Área recreativa nacional

PHN Parque histórico nacional

PE Parque estatal

RN Reserva nacional

▲ Punto más alto

Montañas

High Point

Camino de los Apalaches

MTS. KITTATINNY
L. Swartswood
VALLE DE LOS APALACHES
L. Greenwood
R. Hudson

ARN Delaware Water Gap
L. Hopatcong

R. Delaware

MTS. APALACHES

Canal de Long Island

PHN Morristown

R. Passaic

PE Liberty

R. Raritan

Lower Bay

MESETA DE PIEDMONT

ARN Gateway

LLANURA COSTERA DEL ATLÁNTICO

R. Delaware

RN Pinelands

N

Bahía de Delaware

OCÉANO ATLÁNTICO

Mayores lagos

Lago Hopatcong
2,686 acres
(1,087 hectáreas)

Lago Greenwood
1,920 acres
(778 hectáreas)

Lago Swartswood
504 acres
(204 hectáreas)

Plantas y animales

Más del 40 % del estado está cubierto de bosques. En los bosques de la llanura costera predominan el pino, el roble y el cedro. Los bosques del norte son una mezcla de roble, arce, abedul, pacana y abeto. En todo el estado es común la violeta, la flor del estado. Otras flores son la madreselva, la vara de oro, la azalea y el rododendro. El estado tiene una industria próspera de cultivos de plantas y flores.

Medidas estrictas de conservación han renovado la fauna y flora del estado, antes amenazadas por el desmedido crecimiento industrial y residencial. En los bosques del norte otra vez se ven osos negros, tan acostumbrados ahora a los seres humanos que a veces rondan por los suburbios. Las zonas pobladas de ciervos y coyotes han crecido tanto que estos animales a veces son una amenaza para los demás animales y para los humanos. En Nueva Jersey también abundan criaturas pequeñas, como ardillas listadas, mofetas, ardillas comunes, ranas y tortugas. Muchas especies de aves viven en el estado todo el año. Otras hacen escala allí al seguir la ruta migratoria del Atlántico con los cambios de las estaciones. La mariposa monarca sigue esa misma ruta cuando se dirige al sur a pasar el invierno. La costa de Nueva Jersey, famosa también por sus mariscos, forma parte de un ecosistema marino diverso y una industria pesquera extensiva.

Un ambiente sin igual

Pine Barrens es un extenso ecosistema de Nueva Jersey situado en el sureste del estado. Toma su nombre del amplio bosque (12,000 acres ó 4,860 hectáreas) de robles y pinos enanos poco comunes que miden menos de 12 pies (4 m). Algunas partes de Pine Barrens son pantanosas; otras son muy secas. Los árboles no crecen mucho porque se dan frecuentes incendios y porque el suelo es arenoso en las zonas secas. En las zonas pantanosas abundan especies poco comunes, entre ellas un tipo de orquídea que sólo se da en Pine Barrens y en Sudáfrica.

Jardín de la industria

> El genio es un uno por ciento de inspiración y un noventa y nueve por ciento de transpiración.
>
> —*Thomas Alva Edison, inventor estadounidense, hacia 1903*

Para ser un estado tan pequeño, Nueva Jersey tiene recursos naturales asombrosamente abundantes. Más asombrosos aún son su poderío industrial y su inventiva. El sobrenombre de Estado Jardín es más que apropiado, pero lo que más distingue a Nueva Jersey es la industria.

La manufactura ha sido siempre importante en la economía del estado, a tal punto que en 1900 ya era la principal industria. El estado estuvo a la vanguardia de la Revolución Industrial, pues en Nueva Jersey pusieron sus laboratorios Thomas Edison, Bell Labs, Albert Einstein, y muchos otros cuyos descubrimientos impulsaron la tecnología moderna. Allí fueron inventados o perfeccionados la luz eléctrica, el satélite de comunicaciones y el transistor, todos esenciales para la electrónica. Ésta puede ser una razón por la que los servicios, entre ellos las industrias fundadas en el conocimiento, han suplantado a la manufactura como sector económico más valioso del estado.

Agricultura y pesca

En más de 9,600 granjas que ocupan una quinta parte de Nueva Jersey se cultivan más de cien productos alimenticios. De todos los productos agrícolas del estado, los que generan más ingresos son las flores (especialmente las rosas), los arbustos y plantas ornamentales y el tepe producido en invernaderos, viveros y granjas. También son importantes para la economía de Nueva Jersey los productos lácteos, el ganado, los tomates, los duraznos y las manzanas. El estado es también gran productor de arándanos dulces y agrios. Las pesquerías de la costa Atlántica producen un variado surtido, siendo los más apetecidos las almejas y otros mariscos.

Principales empleadores
(de trabajadores de 16 años o más)

Servicios	33.2 %
Comercio mayorista y minorista	20.6 %
Manufactura	16.9 %
Compañías financieras, aseguradoras e inmobiliarias	8.9 %
Transportes, comunicaciones y otros servicios públicos	8.6 %
Construcción	6.0 %
Administración pública	4.7 %
Agricultura, silvicultura y pesca	1.0 %
Minería	0.1 %

ECONOMÍA DE NUEVA JERSEY

N

R. Delaware
L. Greenwood
R. Hudson
V. Swartswood
L. Hopatcong

Paterson
Clifton • Passaic
W. Orange •
Morristown • Newark • Hoboken
Jersey City
R. Passaic
Elizabeth • Bayonne
Menlo Park
R. Raritan
Edison •
New Brunswick •
Princeton • Middletown
Trenton

Canal de Long Island
Lower Bay

Camden •
Cherry Hill •
R. Delaware

Vineland •

Atlantic City •

Bahía de Delaware

OCÉANO ATLÁNTICO

Cape May

ESCALA/CLAVE

0 — 25 millas
0 — 25 kilómetros

🌾 Agricultura
🐄 Lácteos
🐟 Pesca
🏭 Manufactura
🏢 Servicios
🚢 Transporte marítimo
⬛ Zonas urbanas

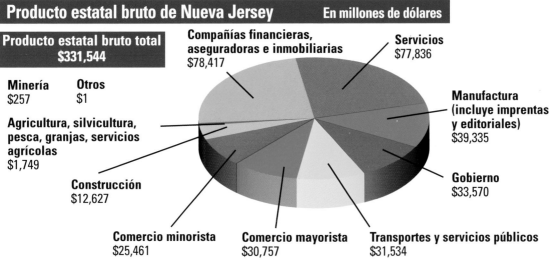

Producto estatal bruto de Nueva Jersey   En millones de dólares

**Producto estatal bruto total
$331,544**

Minería
$257

Otros
$1

Agricultura, silvicultura, pesca, granjas, servicios agrícolas
$1,749

Compañías financieras, aseguradoras e inmobiliarias
$78,417

Servicios
$77,836

Manufactura (incluye imprentas y editoriales)
$39,335

Gobierno
$33,570

Construcción
$12,627

Comercio minorista
$25,461

Comercio mayorista
$30,757

Transportes y servicios públicos
$31,534

Manufactura

Nueva Jersey es uno de los principales estados manufactureros de la nación. Los productos químicos son los más importantes de la industria, y su principal categoría es la de los productos farmacéuticos. Dos grandes compañías farmacéuticas, Johnson & Johnson y Merck, tienen su sede en Nueva Jersey. La siguiente actividad industrial más lucrativa es la de las imprentas y editoriales. Le sigue la fabricación de alimentos, que incluye los enlatados como la sopa Campbell. También son importantes los equipos eléctricos, los accesorios metálicos soldados y los instrumentos científicos. Las mayores zonas manufactureras son la zona del nordeste, que comprende Newark, Jersey City y Elizabeth, y la del centro oeste, entre Trenton y Camden.

Silvicultura y minería

Las industrias forestales de Nueva Jersey no son extensivas. Una de las actividades principales es el cultivo de árboles de Navidad (se producen unos 600,000 al año). Los dos productos más importantes de la minería son el granito y el basalto, seguidos de la arena, la grava, la turba y la arcilla.

Transportes

Como Nueva Jersey queda justo en medio del transitado corredor nordeste de Estados Unidos, a principios del siglo XX pasó a ser una central de transporte. Hoy en día sus sistemas de transporte por carretera, ferroviarios, aéreos y marítimos son de los más avanzados del mundo. El corredor que une la ciudad de Nueva York y Filadelfia está especialmente bien

Hecho en Nueva Jersey

Principales productos agropecuarios
Flores
Leche
Tomates
Duraznos
Manzanas
Arándanos agrios
Arándanos dulces

Otros productos
Productos químicos
Imprentas y editoriales
Alimentos procesados
Equipos eléctricos

◄ A principios del siglo XX, Thomas Edison desarrolló en este laboratorio de Nueva Jersey muchos de los procesos que harían del estado uno de los principales fabricantes mundiales de productos químicos.

dotado de carreteras y ferrocarriles. Mucha gente de Nueva Jersey viaja todos los días a esas ciudades para trabajar. El sistema de transportes de la zona está tan integrado, que muchos de los servicios los administra la Autoridad Portuaria de Nueva York y Nueva Jersey, una comisión conjunta creada en 1921.

En el estado hay más de 35,000 millas (56,315 km) de carreteras públicas, entre ellas la famosa New Jersey Turnpike. Las vías de ferrocarril suman 912 millas (1,467 km). El Aeropuerto Internacional de Newark es uno de los más transitados del país. De igual importancia son los puertos marítimos de Newark y Elizabeth, regulados por la Autoridad Portuaria de Nueva York y Nueva Jersey. A orillas del río Delaware hay puertos fluviales en Paulsboro, Camden, Gloucester City y Trenton. El estado es líder en instalaciones portuarias para contenedores, que tiene perfectamente integradas a la red de carreteras y ferrocarriles.

Servicios

El sector económico de mayor crecimiento en Nueva Jersey son las empresas de servicios, con las compañías financieras, aseguradoras e inmobiliarias a la cabeza. Grandes aseguradoras, entre ellas Prudential, tienen su sede en el estado. Siguen los servicios comunitarios, empresariales y personales y luego el comercio mayorista y minorista. El sector de servicios también incluye campos como administración, programación de computadoras, salud, hostelería, comunicaciones, educación y turismo.

El turismo genera unos $20,000 millones anuales en ingresos. Los turistas sienten especial atracción por las playas de la costa Atlántica. A pesar de tener un famoso paseo marítimo y de ser la sede del concurso Miss América, Atlantic City decayó en el turismo hasta que en 1978 se legalizó el juego. Otras grandes atracciones turísticas son los Apalaches y Pineland.

▲ Earle Dickson, un empleado de Johnson & Johnson, inventó en 1920 la primera venda adhesiva. Hoy en día, más de ochenta años después, las curitas Band-Aids, han generado más de $100.000 millones en ventas en todo el mundo.

¿LO SABÍAS?

El arándano agrio que se cultiva en Nueva Jersey es una de las tres frutas originarias de Norteamérica. Las otras dos son el arándano dulce, que también se da en Nueva Jersey, y la uva Concord.

Principales aeropuertos

Aeropuerto	Ubicación	Pasajeros por año (2000)
Internacional de Newark	Newark	34,188,468
Internacional de Atlantic City	Atlantic City	907,108

El estado ejecutivo

> Que no será legal que el gobernador de dicha provincia, sus herederos o sucesores provisorios y el Consejo o cualquiera de ellos en ningún momento ni de aquí en adelante promulguen o aprueben ninguna ley o leyes para la mencionada provincia sin el consentimiento y la concurrencia de la Asamblea General.
>
> —*Los Acuerdos Fundamentales de 1681*

La Constitución actual de Nueva Jersey se adoptó en 1947; las dos anteriores se adoptaron en 1776 y 1844. La primera constitución del estado se redactó al comenzar la guerra de la Revolución, cuando parecía posible que Nueva Jersey se convirtiera en campo de batalla. Como los colonos buscaban liberarse de un rey muy poderoso, el documento limitaba el poder del gobernador. El equilibrio ha cambiado; con la constitución actual, el gobernador de Nueva Jersey es ahora uno de los más poderosos de la nación.

El poder ejecutivo

El gobernador es el presidente ejecutivo del estado. Se elige por un período de cuatro años y no puede cumplir más de dos mandatos consecutivos. Sin embargo, al cabo de un período fuera del cargo puede volver a ser gobernador. El gobernador es el único funcionario ejecutivo elegido por votación. Casi todos los otros funcionarios son nombrados por el gobernador, con la aprobación del Senado estatal. El gobernador tiene el derecho de vetar las propuestas de ley. La Legislatura puede anular el veto del gobernador con una mayoría de dos tercios en ambas cámaras.

El poder legislativo

La Legislatura del Estado de Nueva Jersey se compone de un Senado y una Asamblea General. En el estado hay cuarenta distritos legislativos. Cada distrito elige un senador y dos diputados de la asamblea. Los mandatos senatoriales duran ciclos de dos y cuatro años. El mandato de dos años correspon-

Cuatro gobernadores en ocho días

En enero de 2002, cuatro personas ocuparon la gobernación de Nueva Jersey en un lapso de ocho días. Christine Todd Whitman renunció al cargo para ser administradora de la Agencia de Protección Ambiental del presidente George W. Bush. Ciñéndose a las leyes estatales, Donald DiFrancesco, presidente del Senado de Nueva Jersey, asumió el cargo. El 6 de enero de 2002 el antiguo Senado se disolvió y el nuevo Senado quedó dividido en dos partes iguales, por lo cual se necesitaron dos copresidentes. Los dos senadores acordaron compartir el poder y cada uno gobernó por tres días consecutivos. Finalmente, el 15 de enero tomó posesión Jim McGreevy, el gobernador recién electo.

Cargo por elección para poder ejecutivo		
Cargo	**Duración del mandato**	**Límite del mandato**
Gobernador	4 años	2 mandatos consecutivos

de a la primera elección de una década nueva, después de un censo nacional. Los diputados de la Asamblea cumplen un mandato de dos años. La Legislatura se reúne el segundo martes de enero de los años pares. Luego de dos años caduca cualquier tema que no se haya cerrado. El gobernador o una petición mayoritaria de las dos cámaras de la Legislatura pueden convocar a sesiones especiales.

El poder judicial

El poder judicial de Nueva Jersey se compone de tres ramas principales: la Corte Suprema, la Corte Superior y el tribunal fiscal. En el ámbito local hay tribunales municipales (forman parte del gobierno municipal). En la Corte Superior se juzgan casos civiles, penales y de familia. Los casos penales se dan cuando se acusa a alguien de un delito grave. En los casos civiles, una parte demanda a otra por perjuicios causados. Los casos de familia resuelven situaciones domésticas. Si alguna de las partes cree que el fallo es injusto, puede apelar. Las apelaciones las oye la División de Apelaciones de la Corte Superior (no dependen de los tribunales de primera instancia).

▼ El Capitolio del estado de Nueva Jersey fue construido en 1792. A pesar de las muchas renovaciones hechas y del incendio que destruyó gran parte del edificio en 1885, todavía se usan algunas salas del edificio original, entre ellas el despacho privado del gobernador.

Si alguna de las partes cree que el fallo de la División de Apelaciones es erróneo, puede pedir a la Corte Suprema del Estado que oiga el caso. Los tribunales fiscales revisan las medidas que toman las juntas impositivas locales y estatales. Los tribunales municipales oyen casos de disputas y delitos penales menores.

El gobernador propone a casi todos los jueces estatales y el Senado del estado los aprueba. Los jueces desempeñan su cargo por un período inicial de siete años, luego del cual pueden ser nombrados de nuevo hasta que cumplan setenta años de edad. El gobierno local nombra a los jueces de los tribunales municipales; que cumplen mandatos de tres años y pueden ser nombrados de nuevo por períodos adicionales de tres años. En la Corte Suprema de Nueva Jersey hay seis jueces asociados y un presidente. La Corte Superior tiene treinta y dos jueces en la División de Apelaciones y unos 360 jueces de primera instancia. En el tribunal fiscal hay veinte jueces.

Gobierno local

En Nueva Jersey hay 588 municipalidades, que incluyen aldeas, pueblos, municipios, distritos y ciudades. Generalmente se rigen por cartas constitucionales que dicta el estado y están encabezados por uno de varios sistemas, entre ellos alcaldías, concejos o comisiones. El gobierno de los condados se llama Junta de Propietarios Elegidos, porque originalmente sólo los dueños de bienes, o «propietarios», podían desempeñarse en las juntas. En Nueva Jersey hay veintiuna juntas; son responsables de mantener las vías, los puentes y diversos servicios locales. Cada junta tiene entre tres y nueve miembros que cumplen mandatos de tres años.

Representación nacional

Al igual que los demás estados, Nueva Jersey tiene dos senadores en el Senado de Estados Unidos. Tiene también trece diputados en la Cámara de Representantes de Estados Unidos y quince votos en el colegio electoral.

Legislatura del estado			
Cámara	Cantidad de diputados	Duración del mandato	Límite del mandato*
Senado	40 senadores	2 o 4 años	Ninguno
Asamblea General	80 representantes	2 años	Ninguno

* Para los legisladores que asuman el cargo a partir de 1992 existe un límite de por vida de cuatro mandatos para la Asamblea General y de dos para el Senado.

GROVER CLEVELAND
(1885–1889 y 1893–1897)

Stephen Grover Cleveland (1837-1908) nació en Caldwell, pero se crió en el oeste de Nueva York. Su carrera política comenzó en 1863 cuando fue elegido fiscal auxiliar del distrito de Buffalo, Nueva York. Más tarde fue

gobernador de Nueva York. En 1884 Cleveland, que era demócrata, salió elegido presidente. Cuatro años después se postuló para la reelección. En esas elecciones ganó el voto popular, pero como no ganó la mayoría de votos en el colegio electoral, fue derrotado. En 1892 se postuló de nuevo y ganó. Sin embargo, una depresión económica le restó populari-dad, y su propio partido nominó a otro candi-dato para las elecciones siguientes. Es el único presidente que ha gobernado en dos mandatos no consecutivos.

WOODROW WILSON (1913–1921)

Thomas Woodrow Wilson (1856-1921) nació en Staunton, Virginia, pero se dedicó a la política cuando vivía en Nueva Jersey. Comenzó su carrera pública como rector de la Universidad de Princeton. Algunos dirigentes demócratas locales lo alentaron a que se postulara para gobernador de Nueva Jersey en 1910, pensando que lo podrían controlar. Él les demostró que estaban equivocados, reafirmando su independencia y poniendo énfasis en los derechos individuales y el progresismo social. En 1912, mientras era gobernador, se postuló con éxito para la presidencia. En su primer mandato se tomaron medidas para dividir las enormes compañías conocidas como monopolios. Cuando Estados Unidos intervino en la Primera Guerra Mundial durante su segundo mandato, Wilson se convirtió en una figura importante del ámbito mundial. Ayudó a negociar la paz y a crear la Liga de Naciones, una primera versión de las Naciones Unidas.

La política de Nueva Jersey

Las gobernaciones de Nueva Jersey del siglo XX estuvieron repartidas entre demócratas y republicanos. Luego de un período de sólidas mayorías republicanas a principios del siglo XX, últimamente el control de la Legislatura ha pasado de uno a otro partido mayoritario. Desde 1900, los votantes de Nueva Jersey se han inclinado por los candidatos republicanos en las elecciones presidenciales. Una notable excepción se dio cuando los votantes respaldaron al demócrata Franklin Roosevelt en cuatro oportunidades. También votaron por los demócratas en las elecciones de 1960 y 1964, y favorecieron la elección del demócrata Bill Clinton en 1992 y 1996.

¿LO SABÍAS?

Frank Hague recibió el apelativo de «Jefe» mucho antes que Bruce Springsteen. Hague, alcalde de Jersey City durante treinta años, dijo una vez: «¡Yo soy la ley!».

Más allá de la autopista Turnpike

Camden [Nueva Jersey] originalmente fue un accidente, pero nunca lamentaré que me dejaran en Camden. Me ha traído maravillosas compensaciones.

—*Walt Whitman, poeta estadounidense, década de 1880*

Nueva Jersey reúne en su escasa superficie una población y un paisaje muy diversos. Entre Jersey Shore y los Apalaches hay un poco de todo. Nueva Jersey es famosa por su sentido práctico, y sus ciudadanos se conocen por ser buenos trabajadores. Pero el estado es mucho más que eso. También ha sido muy ingenioso para inventar maneras de «trabajar sabiamente». Las oportunidades educativas que ofrece han intensificado ese ingenio. Nueva Jersey no ha tenido rival en las artes prácticas, pero en las demás artes, música, danza, teatro, bellas artes y arquitectura, tampoco se queda atrás. Eso no es todo, en Nueva Jersey abundan las actividades recreativas al aire libre y bajo techo. Nombra un deporte y de seguro habrá en el estado un lugar perfecto para practicarlo o para verlo.

Bibliotecas y museos

La primera biblioteca pública de Nueva Jersey la fundó Thomas Cadwalader en Trenton, en 1750. Hoy hay más de cuatrocientos sistemas de bibliotecas públicas. Muchas pertenecen a la red de bibliotecas de Nueva Jersey, que reúne los recursos de sus filiales para hacer préstamos interbibliotecarios. En promedio, cada residente del estado tiene acceso a seis libros de las bibliotecas públicas al año. Entre los muchos sitios históricos del

¿LO SABÍAS?

La elefanta Lucy es una estatua de 65 pies (20 m) de alto construida en 1881 a orillas del mar, en Margate. Los visitantes pueden subir por la escalera que tiene adentro y mirar por las ventanas de su costado.

▼ La biblioteca Chancellor Green, terminada en 1873, fue la primera biblioteca de servicio completo de la Universidad de Princeton.

estado están los cuarteles que tuvo George Washington en Morristown durante la guerra de la Revolución, la casa de Thomas Paine en Bordentown y la de Walt Whitman en Camden.

El Museo del Estado de Nueva Jersey en Trenton, que tiene un planetario, se especializa en historia natural, arqueología, artes decorativas y bellas artes. El Museo de Newark también tiene un planetario para hacer exposiciones de arte, ciencias e historia natural, así como un «mini zoológico» entre otras atracciones. Su colección de arte africano y tibetano es notable. En Newark también está el Museo de la Sociedad Histórica de Nueva Yersey, dedicado a la historia de la ciudad, el estado y la región. En Jersey City, el Liberty Science Center celebra los grandes inventores e inventos del estado. Los mayores museos de bellas artes son el Museo de Arte de la Universidad de Princeton; el Museo de Arte de Montclair, con una excepcional colección de arte norteamericano e indígena; y el Museo de Arte Jane Voorhees Zimmerli en la Universidad de Rutgers, en New Brunswick.

▲ El Liberty Science Center está a sólo un viaje en trasbordador desde la isla Ellis y la estatua de la Libertad. La Galería de Experimentos del centro incluye una demostración de los principios que aplicó Thomas Edison cuando inventó la bombilla.

Las comunicaciones

El nordeste de Estados Unidos es uno de los mercados de comunicaciones más denso del mundo. La información se difunde por la región sin miramientos a las fronteras estatales. Nueva Jersey tiene más de doscientos periódicos, veinte de ellos publicados a diario. En 1777 el *New Jersey Gazette*, publicado en Burlington, fue el primer semanario del estado. El *Newark Daily Advertiser*, fundado en 1832, fue el primer diario del estado. Hoy en día los diarios más importantes son el *Star-Ledger* de Newark, el *Jersey Journal* de Jersey City, el *Record* del condado de Bergen y el *Times* y el *Trentonian* de Trenton. En Nueva Jersey también se leen numerosas publicaciones de las ciudades de Nueva York y Filadelfia.

Nueva Jersey tiene diez estaciones televisivas y más de ochenta emisoras de radio. WJZ, fundada en Newark en 1921, fue la primera emisora comercial del estado y la segunda en tener licencia en la nación. WATV, la primera televisora del estado también salió al aire en Newark, en 1948. Ahora tanto WJZ como WATV están en Nueva York.

Teatro y música

En 1997 se sumó a la vida cultural de Nueva Jersey el Centro de Artes Interpretativas de Nueva Jersey, en Newark. Es el sexto centro de artes interpretativas más grande de la nación y recibe a muchos de los mejores músicos y bailarines del mundo. El Centro Teatral McCarter para las Artes Interpretativas en Princeton recibió el Premio Tony de 1994 al teatro regional más distinguido. Otros teatros importantes son el Paper Mill de Millburn, el Centro para las Artes John Harms en Englewood, el War Memorial Auditorium de Trenton (sede de la Orquesta Sinfónica de Nueva Jersey), el Teatro Regional del Sur de Jersey en Somers Point y el Teatro Estatal en New Brunswick. Los teatros comunitarios también forman parte vital de la cultura del estado. Entre las celebridades de Nueva Jersey se cuentan Jason Alexander, David Copperfield, Danny DeVito, Michael Douglas, Janeane Garofalo, Jerry Lewis, Ray Liotta, Bebe Neuwirth, Jack Nicholson, Joe Pesci, Kevin Spacey, Meryl Streep y John Travolta.

El Ballet de Nueva Jersey es una de las compañías de danza más famosas del estado. En toda Nueva Jersey se

....
◄ Cartel de la Administración de Proyectos de Trabajo (WPA) que anuncia una exposición en el Museo de Montclair.

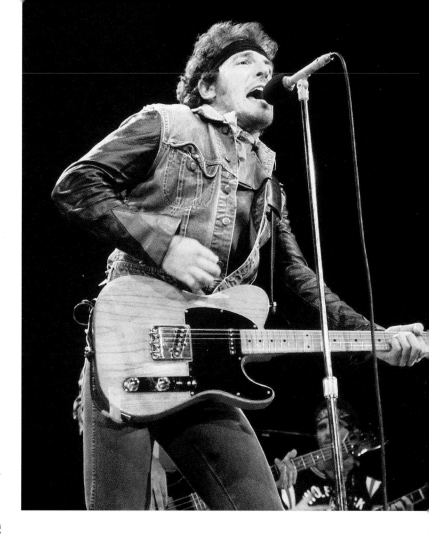

▶ Bruce Springsteen, *el Jefe*, en su gira de 1984-1985 *Born in U.S.A.*

realizan festivales de música clásica, folclórica y jazz, el más famoso de todos en Cape May. Muchos legendarios intérpretes de música popular, como Count Basie, Paul Robeson, Frank Sinatra y Sarah Vaughan, nacieron en Nueva Jersey. En años recientes el estado nos ha dado a Bruce Springsteen, Jon Bon Jovi, Whitney Houston, Lauryn Hill y Ice-T. Uno de los principales escenarios para conciertos de la región es el Giants Stadium del Complejo Deportivo Medowlands. Meadowlands es escala obligatoria para las superestrellas musicales del mundo. Otros importantes escenarios son el Blockbuster Sony Music Entertainment Center de Jersey City y el PNC Bank Arts Center de Holmdel.

Entre los escritores principales de Nueva Jersey están los autores de libros infantiles Judy Blume y Edward Stratemeyer; los novelistas James Fenimore Cooper, Stephen Crane, Norman Mailer y Philip Roth; y los poetas William Carlos Williams, Allen Ginsberg y Joyce Kilmer.

Los grandes espacios al aire libre

Nombra un deporte al aire libre y encontrarás en Nueva Jersey un lugar donde practicarlo. Desde Asbury Park hasta Cape May, los surfistas avanzan empujados por las olas en las playas del condado de Monmouth. Unos de los mejores lugares de recreo están en Long Branch, cerca del parque costanero Seven Presidents (Siete Presidentes), que lleva su nombre porque fue por décadas la «capital veraniega de los presidentes de EE.UU.». El veraneo de 1869 del presidente Ulysses Grant inició una moda que siguió con los presidentes Rutherford B. Hayes, James Garfield, Chester Arthur, Benjamin Harrison, William McKinley y Woodrow Wilson.

¿LO SABÍAS?

Walt Whitman vivió en Camden desde 1873 hasta su muerte en 1892. Su libro de poemas más famoso es *Hojas de hierba*.

Además de playas, el estado tiene mucho más para divertirse. Más de 70 millas (113 km) del Camino de los Apalaches pasan por el norte de Nueva Jersey para los excursionistas que aprecian la naturaleza. De norte a sur, entre el parque estatal de High Point y Pine Barrens, hay oportunidades de navegar, andar en bicicleta, nadar, pescar y remar.

Para los entusiastas del golf, en Farmingdale está Spring Meadow, el campo de golf del estado, junto a otros 130 públicos y privados. Uno de los mejores de la nación está en el Sand Barrens Golf Club de Swainton. La Biblioteca y Museo de la Asociación de Golf de Estados Unidos queda en Far Hills.

En el invierno también es posible pescar en el hielo, andar en moto de nieve y esquiar a campo traviesa en los parques estatales. Los esquiadores de descenso aprovechan las pistas de cuatro centros de esquí de Nueva Jersey, incluidos Mountain Creek y Hidden Valley.

▲ Desde hace mucho tiempo los famosos casinos y playas de Atlantic City son de gran atractivo para los turistas.

Deportes

Nueva Jersey es la sede del Equipo Hípico de Estados Unidos. Además tiene algunos de los principales hipódromos de la nación, los de Meadowlands, Monmouth Park y Freehold. En Meadowlands se realiza la competencia Hambletonian, una de las más importantes carreras de trotones. El Complejo Deportivo Meadowlands de East Rutherford es uno de los mayores escenarios de los deportes. Además del hipódromo, tiene un estadio al aire libre y uno techado. También es la sede de

Deporte	Equipo	Sede
Básquetbol	New Jersey Nets	Continental Airlines Arena East Rutherford
Hockey	New Jersey Devils	Continental Airlines Arena East Rutherford
Fútbol	NY/NJ MetroStars	Continental Airlines Arena East Rutherford

muchos equipos profesionales de Nueva Jersey: los New Jersey Nets de la Asociación Nacional de Básquetbol (NBA), los New Jersey Devils de la Liga Nacional de Hockey (NHL) y los NY/NJ MetroStars, un equipo de fútbol profesional. Dos equipos de la Liga Nacional de Fútbol (NFL) que oficialmente son de Nueva York, los New York Giants y los New York Jets, juegan como locales en el Giants Stadium del Meadowlands.

Los New Jersey Nets comenzaron a jugar en 1967 en la Asociación Americana de Básquetbol con el nombre de New Jersey Americans. Los dueños querían que la sede permanente del equipo fuera la ciudad de Nueva York, pero quedaron en Teaneck. Durante la temporada 1968-1969, el equipo se mudó a Commack (Nueva York) y tomó el nombre de New York Nets. Fue un equipo neoyorquino hasta la temporada de 1975-1976. Luego pasó a ser de la NBA cuando en 1976 la ABA y la NBA se unieron, y después de su primera temporada en la NBA volvió a Nueva Jersey. Jugadores notables de los Nets han sido Julius *Dr. J.* Erving, Kenny Anderson y Jason Kidd. En 2002 los Nets llegaron por primera vez a las finales del campeonato de la NBA. Cayeron ante Los Angeles Lakers, que se llevaron el tercer título consecutivo.

Los New Jersey Devils, compañeros de ruedo de los Nets, primero se llamaron Colorado Rockies. En 1982 el Dr. John McMullen compró la licencia, llevó el equipo a Nueva Jersey y le puso el nombre de Devils. En 1995 y 2000 los Devils ganaron la Copa Stanley de la NHL.

Los NY/NJ MetroStars, un equipo de la Liga Mayor de Fútbol, han sido finalistas en cuatro de las seis temporadas que han jugado.

◄ Kenyon Marton de los New Jersey Nets pasa el balón delante de Chris Webber de los Sacramento Kings.

Hombres y mujeres de Nueva Jersey

Digan al mundo que Nueva Jersey participa en el
espíritu de esta época.

—Robert Ingersoll, orador estadounidense, 1887

Éstas son sólo algunas de las miles de personas que vivieron, murieron o pasaron gran parte de su vida en Nueva Jersey, y que hicieron aportes extraordinarios al estado y a la nación.

AARON BURR

LÍDER POLÍTICO

NACIDO: *el 6 de febrero de 1756, en Newark*
FALLECIDO: *el 14 de septiembre de 1836, en Port Richmond, NY*

Aaron Burr prestó servicio en el Ejército Continental durante la guerra de la Revolución. Después de la guerra fue abogado en Nueva York. En 1800, el Partido Republicano postuló a Thomas Jefferson para presidente de EE.UU y a Burr para vicepresidente. Los republicanos obtuvieron mayoría de votos electorales, pero los electores no especificaron si el presidente sería Jefferson o Burr. Aunque Burr era candidato a vicepresidente, se negó a que Jefferson asumiera la presiden-

cia. El tema pasó a la Cámara de Representantes, que finalmente eligió a Jefferson presidente y provocó la ira de Burr. Siendo vicepresidente, Burr se postuló para gobernador de Nueva York. Alexander Hamilton se opuso a su candidatura por considerarlo «el hombre más peligroso de Estados Unidos». El 11 de julio de 1804 los dos se enfrentaron en duelo en Weehawken; Hamilton murió. Burr huyó, pero aun así completó su mandato. Luego se fue al oeste, donde conspiró para fundar un imperio. Fue juzgado por traición, pero el magistrado de la Corte Suprema John Marshal, enemigo de Jefferson, logró que lo absolvieran. Burr regresó a Nueva York, donde ejerció como abogado hasta su muerte.

ALBERT EINSTEIN

CIENTÍFICO

NACIDO: *el 14 de marzo de 1879, en Ulm (Alemania)*
FALLECIDO: *el 18 de abril de 1955, en Princeton*

Albert Einstein pasó parte de su niñez en Munich y a la edad de quince años se mudó con su familia a Italia. En Suiza estudió física y matemáticas y en 1901 egresó del Instituto Politécnico Federal de Suiza. En 1902 empezó a trabajar en la Oficina Suiza de Patentes, mientras adelantaba investigaciones en sus ratos libres. En esa época formuló la teoría de la relatividad, que revolucionaría la forma de pensar de los científicos acerca del tiempo y el espacio. Su trabajo llamó la atención, y por ello recibió nombramientos gubernamentales y cátedras en Suiza, Checoslovaquia y Alemania. En 1921 ganó el Premio Nobel de Física. Einstein era ciudadano alemán desde 1914, pero en 1933, cuando el régimen nazi llegó al poder, renunció a su ciudadanía y se mudó a Estados Unidos. Fue profesor de física teórica en la Universidad de Princeton y se jubiló en 1945. En sus últimos años se interesó por el Movimiento para un Gobierno Mundial y ayudó a fundar la Universidad Hebrea de Jerusalén.

DOROTHEA LANGE

FOTÓGRAFA

NACIDA: *el 26 de mayo de 1895, en Hoboken*
FALLECIDA: *el 11 de octubre de 1965, en San Francisco, CA*

Dorothea Lange fue una de las grandes fotógrafas del siglo XX. De niña sufrió de polio, lo cual la dejó coja y quizás muy sensible al sufrimiento humano. Estudió fotografía en Nueva York, luego viajó y por último se mudó a California. Las fotos más famosas las tomó cuando trabajaba para la Administración de Proyectos de Trabajo (WPA), uno de los programas del Nuevo Trato del presidente de Estados Unidos Franklin Roosevelt. Tomó fotos de gente que trataba desesperadamente de sobrevivir en medio de la Gran Depresión y el erial polvoriento de los años treinta. En 1941 ganó el Premio Guggenheim por su «estudio fotográfico de la escena social estadounidense». Después de la Segunda Guerra Mundial viajó, tomó fotografías y expuso sus obras por todo el mundo.

PAUL ROBESON

CANTANTE Y ACTOR

NACIDO: *el 9 de abril de 1898, en Princeton*
FALLECIDO: *el 23 de enero de 1976, en Filadelfia, PA*

Paul Leroy Bustill Robeson fue hijo de un esclavo fugitivo que se hizo pastor en Princeton. Robeson recibió una beca de la Universidad Rutgers, donde se destacó en el deporte, la academia, el teatro y la música. Mientras estudiaba leyes en la Universidad de Columbia ganó admiración como actor. Tuvo una carrera corta de abogado, pero floreció como actor y cantante. En 1925 dio el primer concierto de espirituales de un solista afroameri-cano. Interpretó su papel más famoso en el musical *Show Boat* (1928), donde cantó el memorable *Ol' Man River*. También fue muy famosa su actuación en el Otelo de Shakespeare. En su carrera, Robeson enfrentó un fuerte racismo que acrecentó su compromiso con los derechos civiles y lo atrajo a ideas comunistas. Desde entonces lo consideraron una persona polémica y difícilmente encontró trabajo.

COUNT BASIE

MÚSICO

NACIDO: *el 21 de agosto de 1904, en Red Bank*
FALLECIDO: *el 26 de abril de 1984, en Hollywood, FL*

William Basie aprendió música de niño con su madre. Empezó profesionalmente como pianista acompañante en espectácu-los de vodevil. En 1927 comenzó a tocar el piano con una orquesta de Kansas City, Missouri, y en 1935 fundó su propio grupo. Un locutor de radio lo apodó *Count* porque le pareció que estaba a la altura del famoso compositor y director *Duke* Ellington. La orquesta de Basie se hizo famosa por su estilo sereno en el swing. Grandes éxitos de la gran orquesta de *Count* Basie fueron *One O´Clock Jump* y *Jumping' at the Woodside*.

FRANK SINATRA

CANTANTE Y ACTOR

NACIDO: *el 12 de diciembre de 1915, en Hoboken*
FALLECIDO: *el 14 de mayo 1998, en Los Ángeles, CA*

Francis Albert Sinatra, hijo de un bombero de Nueva Jersey, ganó un concurso de cantantes aficionados en 1935. Tras esto se hizo popular cantando con las «grandes orquestas» de Harry

James y Tommy Dorsey. El 31 diciembre de 1942 empezó su carrera como solista y pronto lo seguirían enormes multitudes a todas partes. En sesenta años de carrera, Sinatra hizo más de 1,800 grabaciones y ganó nueve premios Grammy. Entre sus grabaciones más famosas están *Luck be a Lady* y *My Way*. Sinatra también fue un actor exitoso y ganó el Premio Oscar por su papel en *De aquí a la eternidad* (1953). Continuó su carrera hasta poco antes de su muerte.

SARAH VAUGHAN

CANTANTE

NACIDA: *el 27 de marzo de 1924, en Newark*
FALLECIDA: *el 3 de abril de 1990, en Hidden Hills, CA*

Sarah Lois Vaughan estudió piano y órgano de niña. Sin embargo, su gran talento era el canto. Tenía un registro vocal de cuatro octavas que iba de

▲ Frank Sinatra, cantante famoso.

soprano a barítono. A los dieciocho años ganó un concurso de aficionados en el famoso Teatro Apolo de Harlem y no tardó en trabajar con los famosos del jazz Billy Eckstine, Earl Hines, Charlie Parker y Dizzy Gillespie. Ellos crearon un estilo de jazz llamado «bebop». Como solista, Vaughan recibió el sobrenombre de La Divina. Su fama aumentó en los años cuarenta y cincuenta por sus éxitos *It's Magic, Tenderly* y *Broken-Hearted Melody*. Vaughan dio conciertos hasta muy poco antes de morir en 1990.

ALLEN GINSBERG

POETA

NACIDO: *el 3 de junio de 1926, en Newark*
FALLECIDO: *el 5 de abril de 1997, en Nueva York, NY*

Allen Ginsberg está entre los poetas más influyentes del siglo XX. Junto con su amigo Jack Kerouac fue una de las mayores figuras del movimiento *beat*. La primera obra publicada de Ginsberg fue *Aullido y otros Poemas*, en 1956. El primer verso de *Aullido* es muy conocido: «Yo vi las mejores mentes de mi generación destruidas por la locura...». Entre las obras posteriores está *Kaddish* (1961), que trata de la relación del poeta con su madre. Ginsberg también fue muy influyente en el hippismo y el movimiento contracultural de los años sesenta.

JUDY BLUME

ESCRITORA

NACIDA: *el 12 de febrero de 1938, en Elizabeth*

La célebre autora Judy Sussman Blume se crió en Elizabeth. Estudió para ser maestra de escuela primaria, pero encontró su verdadera vocación en las letras. Blume ha escrito obras para todas las edades, niños y adultos por igual. Quizás las más conocidas sean las obras para adolescentes, en especial *¿Estás ahí, Dios? Soy yo, Margaret* y *Tales of a Fourth Grade Nothing*. Blume se inspira en su propia infancia y pone a Nueva Jersey de escenario en muchas de sus historias. Los lectores valoran en los libros de Blume el afán por investigar temas de la vida real. Ha ganado más de noventa premios.

BRUCE SPRINGSTEEN

MÚSICO

NACIDO: *el 23 de septiembre de 1949, en Freehold*

Bruce Springsteen empezó su carrera con bandas de Nueva Jersey. Su primer álbum con la E Street Band fue *Greetings From Asbury Park, N.J.*, de 1973. Tuvo un gran éxito, pero no en las ventas. La fama de Springsteen aumentó poco a poco con sus conciertos y con el álbum *Born to Run*, de 1975. El álbum *Born in the USA*, lanzado en 1984, lo llevó a la cima de la popularidad, con más de doce millones de copias vendidas. Siguieron otros éxitos, junto con un creciente interés en los temas sociales. Springsteen, apodado «El Jefe», aún se presenta en Stone Pony, un bar de Asbury Park.

Nueva Jersey
Un vistazo a la historia

1524
Verrazano explora la costa de Nueva Jersey.

1609
Henry Hudson navega por el actual río Hudson.

1638
Colonos suecos fundan Nueva Suecia en el sur de Nueva Jersey.

1655
Los suecos renuncian a Nueva Suecia por la fuerza.

1664
Nueva Holanda se rinde ante Inglaterra; ceden la colonia a Berkeley y Carteret.

1673
Los cuáqueros le compran Jersey occidental a lord Berkeley.

1702
Jersey oriental y Jersey occidental se unifican.

1746
Se aprueban los estatutos de la Universidad de Princeton, originalmente llamada Colegio Superior de Nueva Jersey.

1766
Se funda Queen's College, hoy día Universidad Rutgers.

1776
George Washington cruza el río Delaware para librar la batalla de Trenton.

1787
Nueva Jersey se convierte en estado.

1790
Se inaugura el Ferrocarril de Camden y Amboy.

1600	1700	1800

1492
Cristóbal Colón llega al Nuevo Mundo.

1607
El Cap. John Smith desembarca con tres barcos en las costas de Virginia y funda Jamestown, el primer asentamiento inglés en el Nuevo Mundo.

1754–1763
Guerra contra la alianza Franco-Indígena.

1773
Motín del Té de Boston

1776
El 4 de julio se adopta la Declaración de Independencia.

1777
El Congreso Continental adopta los Artículos de Confederación.

1787
Se redacta la Constitución de EE.UU.

1812–1814
Guerra de 1812.

Estados Unidos
Un vistazo a la historia

1811
Entra en servicio el primer trasbordador de EE.UU. entre Hoboken y Manhattan.

1846
Primer partido de béisbol entre dos equipos organizados, los Knickerbockers y los New York Nine, en Hoboken.

1863
Estallan disturbios contra el reclutamiento militar en varias ciudades de Nueva Jersey.

1878
John Holland construye el primer submarino práctico.

1896
Se juega en Trenton el primer partido de básquetbol profesional.

1912
Woodrow Wilson, gobernador de Nueva Jersey, es elegido presidente de EE.UU.

1937
El *Hindenburg* choca en Lakehurst.

1947
Se adopta la constitución más reciente de Nueva Jersey.

1962
Se lanza el satélite *Telstar 1*, diseñado en Nueva Jersey, que transmite televisión en directo a través del Atlántico.

1967
Veintiséis muertos en disturbios de Newark.

1993
Christine Todd Whitman es la primera mujer gobernadora del estado.

1995
Los New Jersey Devils ganan su primera Copa Stanley.

1800   **1900**   **2000**

1848
Se descubre oro en California; 80,000 buscadores llegan atraídos por la fiebre del oro de 1849.

1861–1865
Guerra Civil.

1869
Se termina el Ferrocarril Transcontinental.

1917–1918
EE.UU. interviene en la Primera Guerra Mundial.

1929
La quiebra del mercado accionario da inicio a la Gran Depresión.

1941–1945
EE.UU. interviene en la Segunda Guerra Mundial.

1950–1953
EE.UU. pelea en la guerra de Corea.

1964–1973
EE.UU. interviene en la guerra de Vietnam.

2000
George W. Bush gana las elecciones presidenciales más reñidas de la historia.

2001
Un ataque terrorista deja miles de muertos y heridos, después de que cuatro aviones secuestrados se estrellan contra el World Trade Center, en la ciudad de Nueva York, el Pentágono y en territorio de Pensilvania occidental.

▼ **Un zepelín *ZR3* entra en el hangar de la Base Aérea Naval de Lakehurst, hacia 1924.**

Festivales y diversión para todos

Observación de aves de rapiña en Cape May, **Cape May**

Los aficionados a las aves visitan Cape May todo el año, pero en el otoño vienen por montones a ver las dieciocho especies de aves de rapiña que migran por la zona.
www.njaudubon.org/sites/hwcmbo.html

Fiesta de la Sopa de Pescado, **Long Beach Island**

Ni Nueva Inglaterra ni Manhattan tienen exclusividad en las sopas de pescado. Este festival de frutos del mar que se celebra en octubre se especializa en los pescados y mariscos de la costa de Jersey, pero sobre todo en la sopa de almejas. Todo el mundo acude al Chowder Cook-Off Classic.
www.chowderfest.com

Christkindlmarkt, **Stanhope**

La aldea colonial de Waterloo es un sitio histórico nacional que ofrece tours y actividades todo el año. Todos los diciembres la aldea organiza el Christkindlmarkt, o mercado navideño, según la tradición europea.
www.waterloovillage.org

Festival de los Viejos Tiempos, **Manahawkin**

En el parque del lago Manahawkin se lleva a cabo un festival del ferrocarril con representaciones históricas y un concierto nocturno.
www.discoversouthernocean.org/cofe/calspecial.htm

Día de la Carrera Hambletonian, **East Rutherford**

Todos los años desde 1981 se realiza en Meadowlands la Hambletonian, una de las más antiguas e importantes carreras de trotones.
www.hambletonian.org

Festival Irlandés de Otoño, **North Wildwood**

Cuatro días de celebración de la cultura irlandesa, con danzas, música, competencias de gaitas y artesanías tradicionales.
www.wildwoodbythesea.com/irish

Semana de Miss América y Concurso de Belleza Miss América, **Atlantic City**

En septiembre, la semana anterior a la coronación de Miss América está llena de celebraciones en medio de las competencias.
www.missamerica.org

Festival Folclórico de Nueva Jersey, **New Brunswick**

Desde hace casi treinta años, los estudiantes universitarios de Rutgers organizan este festival gratuito que presenta las diversas tradiciones musicales del estado de Nueva Jersey. Parte de la diversión son las artesanías y las comidas.
www.njfolkfest.rutgers.edu

Visita el sitio Web para verificar la fecha exacta e indicaciones de cómo llegar.

▲ Las carreras de trotones son muy populares en Nueva Jersey.

Festival de los Frutos de Mar de Nueva Jersey, **Belmar**

Es una de las principales atracciones turísticas de Nueva Jersey, que ofrece los mejores frutos del mar de Jersey Shore. Se lleva a cabo en junio a orillas del lago Silver.
www.belmar.com/special/seafood.html

Feria Estatal de Nueva Jersey/Exposición Agrícola y Equina del Condado de Sussex, **Augusta**

En esta feria agrícola de agosto hay de todo, desde concursos de tala de árboles hasta exposiciones de crías de animales de granja. Mucha gente va sólo a ver los caballos. En la Exposición Equina del Condado de Sussex, que dura una semana, se realizan competencias nacionales.
www.sussex-county-fair.org

Noche en Venecia, **Ocean City**

Ocean City recrea el espíritu de Venecia (Italia) con un «desfile» de botes a lo largo de Great Egg Harbor, desde el puente Longport hasta la avenida Tennessee.
www.ocnjonline.com

Festival QuickChek de Globos en Nueva Jersey, **Readington**

Más de 125 globos de aire caliente hacen de éste el mayor festival de globos de la costa este. Pero ahí no acaba la diversión. Exposiciones de aviones antiguos, demostraciones acrobáticas aéreas, música en vivo y magníficos fuegos artificiales ofrecen entretenimiento a toda hora.
www.ballonfestival.com/nj.html

Fiesta del Sábalo, **Lambertville**

En los años setenta la contaminación del río Delaware acabó con los bancos de peces nativos, pero hoy el río está repleto de vida acuática. Todos los meses de abril, el pueblo de Lambertville celebra el regreso del sábalo con música, artesanías, comida y la coronación de la reina del Sábalo.
www.lambertville.org/shad.html

Semana Victoriana, **Cape May**

El pintoresco Cape May es un pueblo turístico de la costa y a la vez un sitio histórico nacional famoso por sus numerosos edificios victorianos. Todos los años los residentes de Cape May reviven la época victoriana durante una semana de celebraciones.
www.capemay.to

▶ Una casa de Cape May construida en 1870.

Libros

Armstrong, Harry and Tom Wilk. *New Jersey Firsts: The Famous, Infamous, and Quirky of the Garden State (Primicias de Nueva Jersey: lo famoso, lo infame y lo extravagante del Estado Jardín)*. Philadelphia: Camino Books, 1999. Para bien o para mal, Nueva Jersey ha estado a menudo a la cabeza.

Murray, Peter. *Perseverance! The Story of Thomas Alva Edison (¡Perseverancia! La historia de Thomas Alva Edison)*. Plymouth, MN: The Children's World, Inc., 1997. Thomas Edison creó algunos de los más importantes inventos de la historia cuando trabajaba en sus laboratorios de Nueva Jersey.

Peacock, Louise. *Crossing the Delaware: A History in Many Voices (Cruce del Delaware: una historia en muchas voces)*. New York: Simon and Schuster, 1998. En 1776, George Washington cruzó con sus hombres el río Delaware y peleó con los británicos en la famosa batalla de Trenton. Este libro cuenta la historia de este acontecimiento mediante pasajes de cartas escritas por sus protagonistas.

Sherrow, Victoria. *The Hindenburg Disaster: Doomed Airship (El desastre del Hindenburg: el dirigible condenado al fracaso)*. Berkeley Heights, NJ: Enslow, 2002. Este libro investiga las posibles causas del desastre del *Hindenburg* y describe cómo era viajar en el dirigible.

Stein, R. Conrad. *New Jersey (Nueva Jersey)*. New York: Children's Press, 1998. Un libro de información acerca del Estado Jardín.

Sitios Web

▶ Sitio Web oficial del estado
www.state.nj.us
▶ Sitio Web oficial de Trenton
www.ci.trenton.nj.us
▶ Sitio Web de la Sociedad Histórica de Nueva Jersey
www.jerseyhistory.org

▶ Sitio Web del Departamento de Viajes y Turismo de Nueva Jersey
www.state.nj.us/travel